LA ABOLICIÓN
DE LO MEZQUINO

Edmundo Pérez Fernández

COLECCIÓN ITES

LA ABOLICIÓN DE LO MEZQUINO

© Edmundo Pérez Fernández
© de esta edición: Olé Libros, 2024

ISBN: 978-84-10053-74-8
Depósito legal: V-3872-2024
Impreso en España

KALOSINI, S. L.
Grupo editorial olélibros
equipo@olelibros.com
www.olelibros.com

A las personas que han acompasado sus pasos a los míos
por el camino de la vida,
en las noches oscuras
y en la luz exaltada.

Eran días atravesados por los símbolos.
ANTONIO GAMONEDA

I

ENTIENDO la tarde
como nunca lo había hecho:
como un agua salina
bullente de vida
que se derrama con suavidad
más allá de la copa
plenamente colmada. No es
la edad de la premura,
ha pasado.

Pálidos
son los colores del momento. Suben
de la tierra caldeada
los vapores de la fertilidad
y el tiempo. Los brotes,
las semillas germinadas
arrancan un quejido
a la madera rota y
al terrón quebrado.
Yo soy parte de la tarde,
roto y quebrado, fértil.

Y el azur se deslíe
en delicadas hebras
ante mis ojos cansados
hasta acabar depositado
en un venerable y áureo cáliz.

La luz se escapa del celaje
como el tiempo entre los dedos
y solo deja la paz, la oscuridad
prendida en la noble materia
que compone nuestras vidas:
un batir de alas,
el tañido y vibración de mil campanas,
un hilo de oro floreciente,
un corazón atravesado de amor dulce,
herido levemente
en un duelo a primera sangre
por una espada impávida en manos
de la hermosa ninfa
que llamamos vida.

II

AMÉ
una porción de la noche
y el hielo
que tus labios besaron.

Después,
me dejé llevar de verso en verso
por un nocturno páramo
de amor, de pies descalzos
y de fuego.

Pero ahora necesito que amanezcas,
que entierres en la luz
las estrellas que coronaron
tu firmamento negro y te ilumines.

Si no, me faltará valor
para aprestarme, en la naciente
del día nuevo,
a vivir otra vez el mismo día.

III

ALGO he dicho.

Y mi palabra
ha quedado suspendida
en el extrañado aire
a varios decímetros del suelo
como un jirón desvanecido,
un bello objeto
de esos que el caminante al pasar mira
sin detenerse.

Algo he dicho.

Y mi palabra
luce
como un astro menor a baja altura
o como la farola de luz amarillenta
en una callejuela secundaria.

Algo he dicho.

Y mi palabra
se alza como el tótem fabuloso y
erguido de una antigua etnia
al borde de lo sagrado. Enigmático,
tal vez.

Algo he dicho
que no cabe en una palabra.

Quede en el aire.

IV

TE LLAMO por un sabio nombre, uno
que te fue impuesto en
cierto lejano tiempo
primordial y extrañado.

Ese es
tu nombre verdadero y,
mientras te llamo,
se condensan gotas de rocío
salinas junto a mis párpados
—lágrimas—, orgánicas y sin embargo
similares a las aguas del océano,
a la fundida roca de las minas.

Toma cuerpo
en esas gotas condensadas
el caudal frenético de un río
hecho de la única materia
que a los humanos importa:
una urdimbre inextricable
de palabras, sol y viento
o lluvia recia,
estrellas y futuro,
pintada con colores de humo y gloria;
extraviada en laberintos insondables
que tu mera presencia propone.

V

POR EL POSTIGO entreabierto
se escapan
una luz amarillenta
y una palabra
y un calor como de vida,
aun sin serlo.
Los ojos tristes y cansados
lo perciben, pero no anhelan ya
cruzar el umbral, la puerta
de madera nudosa y carcomida. Es
como si se hubiera roto
el incierto lazo entre
ese mundo interior
y el solitario hombre,
errabundo y silencioso,
que apenas lo contempla.
El frío húmedo de la niebla
lo envuelve. Se da la vuelta.
Ahora el relumbre de luz amarillenta
se posa sobre su espalda.
Sus ojos, a contraluz,
son invisibles.

VI

NO SON flores, sino heridas
lo que veo.

Palabras de un lenguaje indescifrable.

¿Entiendes el idioma
de las noches, el mío?

VII

ENVUÉLVEME en palabras.
Es igual si son
palabras verdaderas o mentiras;
si son cálidas o están
esculpidas en la nieve;
si esconden, camufladas,
ácidas reconvenciones o son
—como casi siempre—
palabras dulces de consolación.
Envuélveme, en fin, con ellas;
resguárdame en sus sonidos
y en el laberinto inexpugnable
de sus grafías.

VIII

LA ÚNICA alquimia en la que creo
tiene lugar
al fundirme en el calor de tus adentros,
crisol puro; conocido y, a la vez,
tierra extranjera. Como la noche,
siempre extranjera.

IX

INTERPRETO tu carne,
blanca, acogedora,
como una invitación
al juego y a la risa;
como unas anchas alas
completamente abiertas, extendidas,
en que las titilantes luces de tu afecto
se ahogan en un juego apasionado;
como una palabra sagrada
que revela los secretos más profundos
de la vida. Quiero
verter sobre tu corazón de ámbar
(como alas de mariposa)
amores y sonidos y palabras concertantes.
Los rotundos argumentos
que esgrime tu carnal presencia
no han de ser
contradichos por la razón.

X

NO ME IMPORTA nada
el color de tu pelo, sino
el amanecer fragante de tu alma;
la palabra que un día
quedó
volando en el aire;
el sol de tus afectos
templando la mañana.

No me importan nada
los arañazos
que el tiempo y la vida hayan dejado
en tu piel.
No los veo.

Veo solo
el resplandor dorado
y sublime de tu rostro.
Veo el futuro que escribes
con tus ojos de miel y yerbabuena,
fragante y enjoyada
como una noche con estrellas.

XI

QUIERO
que el rumor de tus pasos
livianos sea siempre
el sonido
que marque
los ritmos de mis días,
la pulsación constante de la sangre
en mis venas, el fluir
pausado de mi aliento.

Necesito
tu ternura; no otra: la tuya. Solo
ella nutre las entrañas
recónditas
de lo que soy.

XII

APENAS se sostienen las paredes
de la casa que habito.

Apenas se sostienen en pie
de contener tanto llanto embalsado,
tanto sufrimiento acre
que amaga con
hacerlas caer por tierra.

Tú, desde la lejanía, permite
que apriete por un fugaz instante
tu mano. Para
desleír ese dolor
y volver a respirar —tarea costosa—
y mantenerme vivo.

XIII

INVENTO tu levedad y mi cordura
y digo: eres así, tenue, ligera
y vuelas como un sueño
por los espacios limpios infinitos,
igual que hace la luz estremecida.

Yo necesito anclarme a tu materia,
prenderme en esta etérea carne tuya
por leve y espectral que la imagine.
Me juego en ello la razón entera,
mi abrazo a lo real y mi sentido,
mi propio ser carnal desbaratado.

Invento tu levedad y mi cordura,
desaparezco incógnito en tus alas,
aprendo la lección que me da el mundo
y duermo en tu regazo, redimido.

XIV

BAJAR del tren.
Anclar los pies, de nuevo, en tierra firme.
Dejar que estallen los aromas de flor nueva
y barro tibio
que se trasminan a través
de la mañana fresca y clara.
Sorprenderme. Caminar
arrastrando las maletas.

Y verte, otra vez, en el andén.
Estás ahí. También tu olor
a fruta tierna;
también tu pasión, que reverbera
en los soles del mediodía;
en los ánimos improcedentes
que ahora empujan
hacia geografías
desconocidas, a un exilio de hierba húmeda
y nubes movedizas,
mi pobre humanidad cansada.

XV

SIENTO (como si fuera mío)
el dolor profundo, sombrío
de las tejas enmohecidas,
el abandono del cristal roto, del
camino perdido
que ya nadie transita.

Siento la perfección de las olas,
las equívocas soledades,
la inagotable fuente; pálido rayo
de luz azul, trémulo, detrás
de tu torso de tierra y cristal,
detrás de tu rostro preñado de
frescura. Escucho las
yermas preguntas prendidas en las añosas
ramas de un manzano. Las respuestas
sabias de la vida. Lo oigo todo y
todo es cierto.

XVI

Y LO que tú me des será un regalo:
cada mirada,
cada volar leve de tus párpados;
la dulce calidez de un beso,
la caricia suave de tu aliento.
Me basta
un atisbo fugaz de brillo en tus ojos,
una palabra,
para que se diluya la pena
y se desborde una alegría mágica,
porque, cada vez que te veo,
(aunque sea en sueños)
una mañana de primavera, llena de luz,
de flores nuevas y olores maravillosos
sale a mi encuentro.

XVII

RECOGIDO por ti
del brutal desamparo,
duermo en tus manos luminosas.

Y son tus pies pequeños, delicados,
los que
me anclan firmemente
a la tierra viva.

XVIII

PERSIGO torpemente
la fugacidad de una luz
que se me escapa, que abandona
los inciertos términos que habito,
los temores lentos e infundados,
los suburbios de un alma aletargada.
Persigo torpemente el último retazo
de claridad incierta, antes de que la noche
se adueñe de este páramo.
Necesito,
para ahuyentar fantasmas
y conjurar espectros,
esa poesía. Necesito
el fulgor de tus ojos de perla,
la feliz coincidencia en una risa,
el henchir de mis velas con tu aliento.

XIX

TE LLAMÉ esperanza porque
encendiste un cielo y un día nuevos,
porque saliste a mi encuentro
desde la noche opaca e inasible,
porque calmaste el viento
tempestuoso e informe. Porque
abriste color y melodía donde
cerrabas negrura y espantos.

Te llamé esperanza y dicha, y
me prendé
de tu luminosa incandescencia,
de tu feraz blancura,
de tu palpitación de vida inacabable.

XX

COMO el escueto olivo
que en la clemente tierra ha hecho su arraigo,
así las caminadas llagas de mis pies,
las manos encallecidas de afanes
descansan en tu jardín de ensoñación y carne.

Como el peregrino de caminos largamente hollados,
que atempera en el oscuro barro sus miembros entumecidos,
he transitado yo mares de llanto
y un arreciar de tifones
hasta alcanzar el preciado refugio de tu seno.

Mi patria son las noches que pasé contigo.
Los ocasos en que consentiste que mi fatiga
                              [se acomodara en tu regazo;
en que, con breve caricia, aliviaste el peso
                              [del camino sobre mis hombros.
En tus perdurables y argénteas risas:
ahí resido. Ahí he hecho yo mi arraigo,
como el escueto olivo en la clemente tierra.

XXI

LA TARDE perfecta no existe,
pero existe esta tarde.
Existen estos colores.
Y esta brisa y su rumor.
Y los árboles agitándose ante un telón de cielo anaranjado.
Y el jazmín que impregnó el aire
a la orilla de aquel mar.

Existe este tiempo en tu compañía.
Y esto es la vida. (Que no es perfecta,
pero es nuestra y es vida).

Y cuando se ponga el sol
y la tarde acabe,
y la luna salga,
quedarás tú y quedaré yo;
quedará el recuerdo de la tarde que fue
y a la que seguiremos dando vida
en la memoria.

Y esta tarde, la que estamos viviendo,
es razón suficiente para
reconciliarse con el hecho de existir.

XXII

PREDIGO el levantisco cierzo,
la cal marchita en su blancura nívea,
los extravíos del mirar baldío
y los del ave, con su rumbo incierto.

Predigo el tiempo
en su transcurrir silente
y el surco negro sobre la tierra impía.
Predigo el daño, el ensombrecer, lo turbio
invadiendo la vida.

Predigo el signo que todo contiene
y la lluvia oscura, rebelde y vacía;
predigo el olvido, predigo la dicha
acampada en el aire, extraviada en la umbría.

Predigo el triunfo
del arrebatado azul,
de gélidos astros,
de la feraz semilla y del abrazo claro,
de esos ojos que al mirar titilan
y de la pétrea rueda que tritura el grano.

XXIII

MALDITA ausencia, que de tu voz me priva;
maldita oscuridad, sin tu luz cierta.
Déjame beber de tu palabra viva,
regálame la llave de tu puerta.

Con tu sonrisa clara y luminosa
floreces primaveras, como un sueño;
inundas de luz blanca cada cosa,
alumbras en mi noche, creas mis versos.

Olvida tus heridas, tus dolores;
deja atrás todas tus dudas y tus miedos:
yo te ofrezco mis dedos sanadores,

mi caricia entre las ondas de tu pelo.
Quiero curarte y ser curado por tu abrazo
y dejar, con tu beso, de ser ciego.

ÍNDICE